# Dal Risk Management

# all'Enterprise Risk Management

Marco Giorgino - Barbara Monda

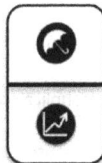

POLIFINANCE
PUBLISHING

1

Prima Edizione: Ottobre 2013

©2013 PoliFinance Publishing Ltd.

Kemp House, 152 City Road, London EC1V 2NX, UK

ISBN   978-1-910069-00-4

www.pfpublishing.org

# SOMMARIO

# PREFAZIONE

# 1  INTRODUZIONE

Il triennio di forte crisi che ha caratterizzato i mercati finanziari prima e l'economia reale poi, ha portato alla ribalta delle cronache il tema del risk management, ovvero "il processo attraverso il quale gli istituti si occupano dei rischi associate alle attività svolte con l'obiettivo di ottenere dei benefici riguardanti le single attività e/o l'insieme delle stesse" (AIRMIC, et al., 2002), imputando al fallimento dei sistemi di gestione del rischio gli eventi scatenanti della tempesta.

Nel periodo espansivo dell'economia, infatti, gli istituti finanziari hanno perseguito obiettivi di ritorno sul breve periodo molto alti, senza considerare adeguatamente il lungo periodo. In questo contesto, il risk management – processo imposto nel settore bancario dalla regolamentazione – è stato visto solo come un requisito di compliance da soddisfare e come un limite alle possibilità di guadagno, e non quale attività strategica ad alto valore aggiunto. A conferma di ciò, è noto il caso del responsabile della compliance di una famosa banca europea che afferma di essere stato licenziato perché aveva evidenziato al

Consiglio di Amministrazione che la banca stava assumendo rischi eccessivi;, le cronache riportano numerosi casi di risk manager i cui moniti nel segnalare il superamento dei limiti di rischio accettabili sono stati sistematicamente ignorati.

Dopo la crisi, l'attenzione verso la gestione del rischio è notevolmente aumentata, e non solo da parte dei dirigenti aziendali e dei regolatori, ma anche da parte di tutti gli stakeholder e degli educatori nelle università e nelle business school.

La percezione che si ha del risk management oggi è radicalmente diversa. Nel settore bancario e assicurativo si assiste ad un grande fermento per l'implementazione di sistemi di gestione dei rischi e della governance che siano maggiormente strutturati ed integrati. A tal fine, i CdA si stanno dotando sempre più frequentemente di comitati per i rischi composti da consiglieri non esecutivi che vigilino sulla esposizione al rischio dell'impresa. Al contempo, l'autorità dei Chief Risk Officer (CRO) e il coinvolgimento del risk management nelle decisioni strategiche è in aumento.

Il risk management non è più una funzione secondaria e isolata, ma è sempre più pervasiva e integrata all'interno dei processi aziendali, seguendo i dettami del nuovo paradigma per la gestione dei rischi che va sotto il nome di Enterprise Risk Management (ERM).

Sebbene le caratteristiche dell'ERM siano state delineate fin dai primi anni 2000, poche grandi aziende hanno intrapreso nel corso del tempo questo percorso, in parte a causa di scarsa consapevolezza e in parte per il costo elevato, in termini economici ed organizzativi, che la sua implementazione richiede. A seguito della crisi il primo ostacolo è stato rimosso, ed imprese di dimensioni diverse ed operanti in settori differenti hanno oggi piena consapevolezza dell'importanza strategica dell'ERM e di come esso sia in grado di proteggere gli asset aziendali e di aumentare il valore per gli azionisti.

# 2   SIGNIFICATO DI "ERM"

L'Enterprise Risk Management (ERM) si è affermato, verso la metà degli anni '90 del secolo scorso, come un nuovo paradigma di Risk Management, un'evoluzione delle pratiche tradizionali di quest'ultimo, consistente in un approccio globale, integrato e solistico (COSO, 2004) alla gestione dei rischi d'impresa al fine di proteggere e creare Valore per gli azionisti, sia nel breve che nel lungo termine. L'approccio tradizionale, orientato alla gestione di classi isolate di rischio, secondo una modalità "a silo", lascia quindi spazio ad una gestione proattiva, strategica ed integrata dei rischi che costituisce un prerequisito per il successo delle imprese (Meulbroek, 2002; Hoyt & Liebenberg, 2011), operanti, oggi, in un contesto di mercato sempre più complesso ed imprevedibile. Inoltre, l'attenzione rivolta al tema dell'ERM da parte dei numerosi interventi normativi sul tema della Corporate Governance, nonché delle agenzie di rating, costituisce un ulteriore importante elemento di spinta all'adozione di un sistema integrato di risk management.

Nell'acronimo ERM, l'aggettivo "Enterprise" enfatizza la rimozione delle barriere di funzione, di divisione, di dipartimento o culturali a favore di un approccio integrato, focalizzato sul futuro ed orientato ai processi che può aiutare l'organizzazione a gestire tutti i rischi d' impresa e a identificarne le opportunità connesse (DeLoach, 2000).

L'importanza di tale tematica nel contesto odierno e la necessità di supportare le imprese nella fase di implementazione e gestione di un sistema di ERM ha portato, inoltre, allo sviluppo di numerosi framework e linee guida, aventi l'obiettivo comune di offrire un approccio strutturato alla gestione del rischio. Il rischio deve essere valutato ed affrontato in ragione del suo impatto complessivo sull'impresa, sia nel breve che nel lungo termine, assumendo così una dimensione "strategica" (Giorgino &Travaglini, 2008).

L'ERM ha, inoltre, catturato l'attenzione del mondo accademico, che ha manifestato un crescente interesse su tale argomento (Gephart, Van Maanen, & Oberlechner, 2009; Power, 2007; Scapens & Bromich, 2009; Hoyt & Liebenberg, 2011), favorendo la nascita della letteratura dedicata a tale disciplina, ad oggi ancora incipiente. Gli ambiti di ricerca finora affrontati sul tema dell'ERM sono riconducibili all'individuazione dei fattori correlati con l'implementazione di un sistema di ERM, o con il suo stadio si sviluppo, ed allo studio della relazione esistente tra ERM e Creazione di Valore. Non sono ancora stati condotti studi finalizzati alla valutazione del grado di maturità del sistema di ERM in funzione delle modalità di gestione dello stesso da parte delle imprese.

Negli ultimi anni un numero sempre maggiore di imprese ha implementato o almeno preso in considerazione l'implementazione di un programma di gestione integrata del rischio, numerose società di consulenza hanno istituito al loro interno unità specializzate nell'ERM e le agenzie di Rating hanno iniziato a considerare l'adozione di tali pratiche anche all'interno del processo di valutazione delle imprese non-finanziarie. Infine, numerose università hanno sviluppato corsi e centri di ricerca focalizzati su tale tematica (Hoyt & Liebenberg, 2011).

# 3 EVOLUZIONE DELLE PRATICHE DI RISK MANAGEMENT

## 3.1 Origine del Risk Management

Lo studio del rischio affonda le radici nel Rinascimento, quando gli individui iniziarono a liberarsi dai vincoli e dalle credenze del passato per aprirsi a nuove sfide: la scoperta del Nuovo Mondo, le grandi esplorazioni, i tumulti religiosi, il nascente capitalismo e il vigoroso approccio alla scienza e al futuro furono i principali aspetti che caratterizzarono quest'epoca (Bernstein, 1996).

La nascita vera e propria del Risk Management, nella sua accezione moderna, è però collocata nei primi anni Sessanta negli Stati Uniti: fu in tale periodo, infatti, che si iniziò a parlare della Gestione del Rischio come di una vera e propria disciplina e che iniziarono a svilupparsi i primi principi e linee guida su tale tema. Robert Mehr e Bob Hedges, considerati da molti come i padri del Risk Management, pubblicarono nel 1963: *"Risk Management in the Business Enterprise"*, il primo testo che si occupò di individuare e definire le diverse fasi del processo di gestione del rischio con l'obiettivo di massimizzare l'efficienza produttiva dell'impresa (D' Arcy, 2001).

## 3.2 Evoluzione del Risk Management

Qui di seguito sono descritte le principali fasi di sviluppo del Risk Management dagli anni '60 ai giorni nostri.

### *Anni '60*

Le prime forme di Risk Management, emerse negli anni Sessanta, erano finalizzate alla sola gestione dei rischi puri, ovvero di quei rischi la cui manifestazione può comportare o meno una perdita e che quindi si prestano bene ad essere assicurati, per due motivi principali:

1. Il Risk Management iniziò a svilupparsi su iniziativa di un gruppo di individui che insegnavano o lavoravano nel campo assicurativo e che quindi focalizzarono l'attenzione su quella tipologia di rischio che erano in grado di gestire (D' Arcy, 2001; Razali & Tahir, 2011):

2. Negli anni '60 il rischio puro rappresentava in molti casi la più seria minaccia per l'impresa nel breve periodo. Non vi erano seri motivi, né tantomeno gli strumenti adatti, per trattare i rischi finanziari connessi ai movimenti dei tassi d'interesse, dei tassi di cambio o le fluttuazioni del mercato azionario: i tassi d'interesse erano stabili, i tassi di cambio erano

intenzionalmente mantenuti all'interno di determinate bande di oscillazione e l'inflazione non rappresentava ancora una seria preoccupazione per la maggior parte delle imprese (D' Arcy, 2001; Razali & Tahir, 2011).

L'obiettivo del Risk Management in tale periodo consisteva quindi nella riduzione delle perdite: si trattava di approccio di tipo difensivo, orientato a minimizzare le perdite potenziali prevalentemente nel breve periodo (Giorgino & Travaglini, 2008)

### Anni '70-'80

Agli inizi degli anni '70 – decennio funestato da profonde crisi - i rischi finanziari iniziarono a diventare una significativa fonte di incertezza per l'impresa e in breve tempo iniziarono a svilupparsi strumenti adatti alla loro gestione (D' Arcy, 2001). Nel 1972, infatti, le potenze maggiormente sviluppate posero fine all'accordo di Bretton Woods introducendo l'instabilità dei tassi di cambio: ciò ebbe ripercussioni negative sui bilanci e sui risultati operativi di molte imprese impegnate negli scambi commerciali internazionali. Inoltre, sempre negli anni '70 il prezzo del petrolio iniziò a salire in seguito alla decisione dell'OPEC (The Organization of Petroleum Exporting Countries) di ridurre la produzione al fine di alzare i prezzi. La decisione della *Federal Reserve* degli Stati Uniti di combattere l'inflazione crescente immettendo liquidità portò ad un rapido incremento dei tassi d' interesse con effetti significativi sugli altri Paesi (D' Arcy, 2001; Razali & Tahir, 2011).

Il secondo stadio del Risk Management si focalizzò quindi sulla gestione della volatilità del business e dei risultati finanziari, possibile grazie allo sviluppo di strumenti derivati quali forwards, futures, swap e opzioni, introdotti nel mercato finanziario tra l'inizio degli anni '70 e i primi anni '80 (D' Arcy, 2001). Gli strumenti derivati utilizzati impropriamente, ad esempio per sfruttare l'effetto leverage, divenero causa di perdite significative: ciò spinse molti manager a considerarli quasi come una minaccia alla stabilità finanziaria, piuttosto che un mezzo per ridurre la volatilità. Iniziarono quindi a svilupparsi tecniche di Alternative Risk Transfer (ART), studiate per garantire il trasferimento dei rischi non assicurabili sul mercato e per offrire un' alternativa efficiente di trasferimento dei rischi tradizionalmente accettati dal mercato (Giorgino & Travaglini, 2008).

### *Anni '90*

La terza fase di sviluppo del Risk Management tradizionale si focalizzò sull'ottimizzazione delle performance aziendali. Contestualmente si ebbe una prima e progressiva forma di integrazione nella gestione delle diverse tipologie di rischio, sebbene gli strumenti disponibili e la cultura aziendale ponessero dei seri ostacoli verso una completa integrazione. Si attivò un processo di razionalizzazione delle strategie di individuazione e di trasferimento dei rischi al fine di cogliere le opportunità che consentissero di incrementare le prestazioni dell'azienda. Il rischio - se ben gestito - cominciò a non avere più una connotazione meramente negativa e divenne una leva per creare vantaggio competitivo (Giorgino & Travaglini, 2008).

## Fine anni '90 - Nuovo Millennio

L'ultima fase di sviluppo del Risk Management, come risposta ad un contesto competitivo sempre più crescente, si è definitivamente indirizzata verso una gestione sempre più integrata del rischio e nell'abbandono di una logica meramente difensiva a favore di un approccio proattivo e finalizzato ad incrementare le performance aziendali (Giorgino & Travaglini, 2008; Hoyt & Liebenberg, 2011)

L'approccio tradizionale al risk management si è quindi modificato nel tempo passando dall'obiettivo di ridurre le perdite (anni '60), a quello di gestire la volatilità (anni '70-'80) e, in ultimo, di migliorare le performance (anni '90). Solamente nei tempi più recenti tali obiettivi sono stati integrati ed ampliati in un' unica visione, dando origine all'Enterprise Risk Management (Giorgino & Travaglini, 2008).

Figura 1 - Fasi di Sviluppo del Risk Management

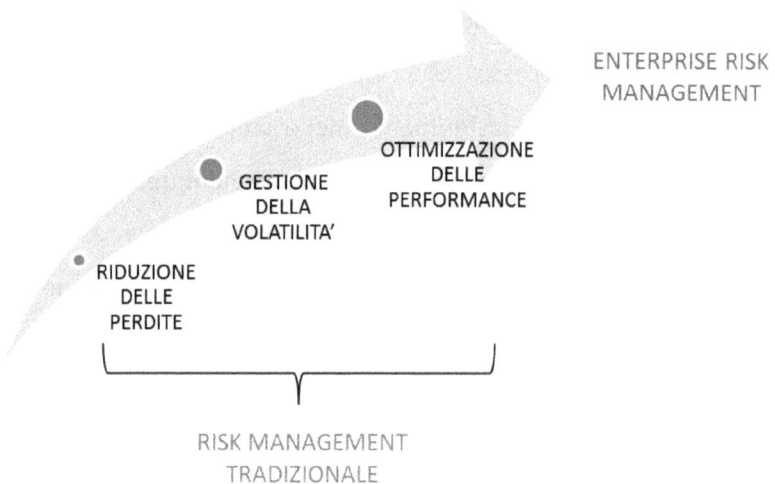

### 3.3 Differenze tra Risk Management Tradizionale ed Enterprise Risk Management

Diversi autori hanno cercato di delineare le principali differenze che intercorrono tra la gestione tradizionale del rischio e l'Enterprise Risk Management. Qui di seguito, a titolo di esemplificativo, vengono riportati i contributi di DeLoach (2000) e di Olson & Wu (2008):

Tabella 1 - Principali differenze tra Risk Management ed ERM (DeLoach, 2000)

| RISK MANAGEMENT TRADIZIONALE | ENTERPRISE RISK MANAGEMENT |
|---|---|
| Frammentato | Integrato |
| Reattivo | Proattivo |
| Discontinuo, non frequente | Continuo, frequente |
| Cost-based | Value-based |
| Funzionale | Eseguito con logica di processo |

| RISK MANAGEMENT TRADIZIONALE | ENTERPRISE RISK MANAGEMENT |
|---|---|
| Rischi come pericoli individuali | Rischi valutati nel contesto delle strategie di Business |
| Identificazione e assessment dei rischi | Sviluppo del "portafoglio dei rischi" |
| Focus sui rischi discreti (parcellizzazione dei rischi) | Focus sui rischi critici per l'organizzazione |
| Mitigazione dei rischi (visione solo negativa) | Ottimizzazione dei rischi (rischi anche come opportunità) |
| Soglia di rischio | Strategia di rischio |
| Rischi senza responsabilità | Assegnazione di responsabilità ("risk ownership") |
| Quantificazione dei rischi non sistematica | Monitoraggio e misurazione dei rischi |
| "Il rischio non è di mia competenza" | "La gestione dei rischi è di competenza di tutti" |

Come si può notare, l'ERM ambisce a superare molti dei limiti del Risk Management Tradizionale, ad esempio quelli dovuti ad una visione funzionale e parcellizzata dei rischi, ovvero a "silo", (Beasley & Frigo, 2007; Rochette, 2009; Segal, 2011) che impedisce di cogliere le correlazioni tra rischi di natura differente o della stessa natura (ma trattati da unità organizzative distinte); tra quelli dovuti all'assenza di collegamento tra i criteri di valutazione dei rischi e il cambiamento nelle strategie aziendali; infine, tra quelli causati dalla mancanza di una sensibilizzazione, di una cultura del rischio condivisa a tutti i livelli dell'organizzazione (HSPI, 2012).

Un approccio integrato consente, infatti, di trattare ciascun rischio come parte di un portafoglio complessivo definito a livello d' impresa: ciascun rischio viene quindi valutato ed affrontato in ragione del suo impatto globale sull'impresa sia nel breve che nel lungo periodo (Giorgino & Travaglini, 2008), garantendo così una maggiore efficacia ed efficienza del processo di gestione. A tal fine, l'ERM incentiva, all'interno dell'impresa, una maggiore comunicazione inerente i rischi e un migliore coordinamento organizzativo, sia verticale, verso il vertice aziendale che orizzontale, data la natura integrata del processo; prevede, inoltre, che vengano assegnate in maniera chiara tutte le responsabilità relative al rischio e che vengano eventualmente introdotti sistemi di remunerazione (Giorgino & Travaglini, 2008) collegati a performance risk-adjusted, incentivando così modalità adeguate di gestione e promuovendo al tempo stesso la diffusione di una cultura del rischio all'interno dell'impresa.

Passando dal Risk Management all'ERM muta anche il concetto stesso di rischio: esso non è più concepito esclusivamente come una minaccia da eliminare "a tutti i costi" ma anche come un'opportunità. Il già più volte sottolineato abbandono di un approccio puramente difensivo a favore di uno proattivo ed integrato consente, infatti, di identificare precocemente i mutamenti del contesto e di cogliere le occasioni favorevoli, con un impatto positivo sul valore aziendale.

La capacità di identificare, misurare e gestire i rischi finisce dunque per configurarsi quale un differenziale competitivo che l'impresa può sfruttare per cogliere opportunità di business compatibili con il profilo di rischio prescelto (Giorgino & Travaglini, 2008).

# 4 LA FIGURA DEL RISK MANAGER

Fino a qualche anno fa, le mansioni del Risk Manager erano in capo ai CEO, ai CFO e ai responsabili di compliance aziendale, come ricordato da Bassi (2012). In seguito alla crisi, che espone le società a criticità sempre maggiori, e a causa degli interventi degli organismi di controllo internazionali che indicano al sistema bancario e assicurativo le nuove norme da seguire affinché non si ripetano i default del settembre 2008, il risk manager ha acquisito un'autonomia e un'importanza strategica finora inedita.

Le conferme, oltre che nelle continue richieste di giovani talenti o esperti professionisti nella gestione del rischio da parte di banche, assicurazioni e imprese, arrivano dal mondo accademico. Sono sempre di più le università che dedicano spazio a corsi di laurea e master finalizzati alla formazione di figure professionali in grado di coniugare competenze finanziarie e matematiche con una preparazione economica e gestionale, l'essenziale bagaglio culturale del risk manager.

Il risk manager vede sempre più aumentare le responsabilità che gli vengono affidate, tanto che è già stata introdotta in molte imprese la figura del **Chief Risk Officer,** collocata ai vertici aziendali, la quale si occupa non solo di organizzare le strategie di gestione dei rischi, ma anche del coordinamento della funzione aziendale.

L'espandersi di tale profilo ha origine sia dal periodo di crisi e incertezza che condiziona gli investimenti e rende le strategie aziendali sempre più complesse, sia dalle nuove normative internazionali, che finiscono per dare sempre maggior risalto alla gestione dei rischi.

Nella pratica, si tratta di un esperto chiamato a identificare, analizzare e valutare i rischi che riguardano lo svolgimento di un'attività d'impresa, rischi che potrebbero avere su quest'ultima impatti negativi.

La letteratura sull'ERM è concorde nell'affermare che un'impresa, intenzionata ad implementare una strategia di ERM, necessiti di una persona, o di un gruppo di persone, responsabili del coordinamento del programma di ERM, della comunicazione degli obietivi e risultati al Board e della sensibilizzazione del management a tale approccio di gestione integrata del rischio (Liebenberg & Hoyt, 2003). Tali figure consistono nel CRO e nell'ERM Committee, spesso utilizzate in modo complementare piuttosto che alternativo (Liebenberg & Hoyt, 2003).

In particolare, qui di seguito verrà posta l'attenzione sulla figura del CRO, evidenziandone la posizione e i ruoli ricoperti all'interno dell'organizzazione.

Il CRO[1] (Chief Risk Officer) può essere definito come un *executive* a capo della funzione di ERM (Lam, 2001; Moeller, 2007), avente l'autorità e la responsabilità di sviluppare ed implementare una strategia di ERM all'interno dell'impresa (Lam, 2003). La necessità di nominare un "chief" dedicato alla gestione del rischio deriva dalla consapevolezza che il risk management, attualmente, rappresenta una competenza core, critica per il successo dell'impresa (Lam, 2003), e che necessita, di conseguenza, di un' attenzione e di un supporto adeguato (Frigo & Anderson, 2011).

Le principali responsabilità del CRO consistono in:

- Istituire ed aggiornare un appropriato framework di ERM, stabilire i relativi ruoli e responsabilità e sviluppare la policy di Risk Management, includendo in essa la quantificazione del risk appetite (Lam, 2003; Moeller, 2007; Rochette, 2009).

- Sviluppare, comunicare e monitorare il risk appetite statement dell'impresa (Rochette, 2009)

- Definire un appropriato set di indicatori di rischio (Lam, 2001; Lam, 2003; Rochette, 2009) e monitorare efficacemente le esposizioni ai rischi (Segal, 2011).

---

[1] Il termine CRO è stato coniato da James Lam, personalità nota nel campo dell'ERM (Rochette, 2009)

- Effettuare una valutazione complessiva di tutti i rischi cui l'impresa è esposta e riportare al Board, almeno con frequenza trimestrale, informazioni sullo stato di tali rischi e sulle azioni intraprese per la loro gestione (Moeller, 2007). È necessario quindi che il CRO abbia una profonda conoscenza del business, della strategia e dei rischi ad essa connessi al fine di poterli valutare e consolidare correttamente (Frigo & Anderson, 2009; Economist Intelligence Unit, 2005).

  Moeller (2007) sottolinea la necessità di sviluppare un team di ERM di supporto all'attività del CRO, che riporta al CRO stesso, costituito da risk manager specializzati in specifiche aree dell'impresa (ad esempio finanza e contabilità, servizi IT ed Operations) aventi l'autorità e la responsabilità sia di identificare i rischi delle relative aree di competenza, sia di supportare l'implementazione di adeguate azioni correttive per la minimizzazione dei rischi stessi; eccellenti capacità comunicative, scritte ed orali, relazionali e di team-building rappresentano quindi dei prerequisiti fondamentali per un CRO (Economist Intelligence Unit, 2005; Frigo & Anderson, 2009; Rochette, 2009).

- Allocare il capitale economico alle attività di business in funzione del loro livello di rischio (Lam, 2003; Rochette, 2009).

- Agire come un'entità indipendente dalle altre funzioni di business per assicurare che tutti i rischi siano valutati e gestiti in modo appropriato (Moeller, 2007; Deloitte, 2008). In certe organizzazioni il CRO riporta al CFO: questa non rappresenta la situazione ideale in quanto l'obiettivo principale del CFO consiste nella massimizzazione del rendimento: egli potrebbe essere quindi portato a tralasciare alcuni rischi al fine di raggiungere tale obiettivo (Deloitte, 2008; Rochette, 2009). Il reporting diretto al Board assicura, invece, che il programma di risk management sia eseguito tenendo a mente una visione integrata ed olistica dell'impresa (Lam, 2003).

- Stabilire un adeguato programma di incentivazione collegato a misure risk-adjusted (Rochette, 2009).

- Comunicare il profilo di rischio corrente dell'impresa agli stakeholder chiave come il Board, i regolatori, gli analisti di borsa, le agenzie di rating e i partner di business (Lam, 2003; Rochette, 2009).

# 5 CULTURA DEL RISCHIO

Il termine "cultura del rischio" affina il concetto di cultura organizzativa per concentrarsi in particolare su quel sistema di valori, norme e comportamenti condivisi da tutti gli individui operanti all'interno di un'impresa e che determinano le modalità con cui essi identificano, comprendono, discutono e agiscono relativamente ai rischi che l'impresa si trova ad affrontare (Abrahim, Henry, & Keith, 2012).

La cultura del rischio influenza quindi le decisioni a tutti i livelli dell'organizzazione e, così, il raggiungimento degli obiettivi strategici ed infine il Valore (IIF, 2009).

Farrel e Hoon (2009) affermano che lo sviluppo di una cultura del rischio rappresenta l'elemento basilare, necessario per mettere in atto buone pratiche di ERM. L'importanza di tale aspetto è evidenziato anche dal COSO – ERM Integrated Framework che pone alla base del corretto funzionamento del sistema di controllo l'ambiente interno, definito come l'insieme delle  caratteristiche del contesto aziendale di riferimento, tra le quali rientrano l'integrità e i valori etici, che influenzano tutte le altre componenti di ERM.

Organizzazioni non caratterizzate da una forte e radicata cultura di rischio possono inavvertitamente trovarsi a operare completamente al di fuori delle policy e procedure stabilite o a consentire attività totalmente in contrasto con esse; nel migliore dei casi ciò può ostacolare il raggiungimento degli obiettivi strategici, tattici e operativi; nel peggiore può portare a gravi danni reputazionali e finanziari (IRM, 2012). Brooks (2010) afferma che la cultura non è quindi un concetto intangibile: può essere misurata dal livello di consistenza che le decisioni sui rischi hanno con le policy aziendali ed il profilo di rischio desiderato.

Diversi sono gli aspetti che caratterizzano una solida e ben sviluppata cultura del rischio. È innanzitutto fondamentale il *commitment* da parte **del Board e del Top Management**: il comportamento esemplare degli alti livelli dirigenziali rappresenta una condizione necessaria, ma non sufficiente, per il successo di un'iniziativa di ERM. È quindi fondamentale che il senior e il middle management definiscano un adeguato *"tone at the top"* e *"tone in the middle"*, ovvero forniscano un esempio di buona condotta tale da influenzare il comportamento dei livelli organizzativi inferiori (IIF, 2009).

Per favorire il coinvolgimento e la sensibilizzazione di tutto il personale, è altrettanto importante che venga chiaramente definita, e comunicata all'interno dell'intera organizzazione, *una **ERM policy***. I contenuti tipici di tale documento includono:

- Obiettivi di rischio
- Misurazione dell'esposizione
- Reporting e previsione dell'esposizione
- Struttura organizzativa e di controllo
- Politiche di hedging e mitigazione
- Processo di valutazione
- Principi e regole contabili
- Misurazione e diffusione delle performance

Sempre per lo stesso motivo, è auspicabile che vi sia una condivisione e comunicazione tempestiva e trasparente delle informazioni inerenti i rischi attraverso l'intera organizzazione tramite l'utilizzo di un linguaggio comune di risk management.

# 6 RISK POLICY

In letteratura vi è grande consenso sull'assunzione che la definizione di una policy di rischio debba rappresentare uno dei primi passi da compiere nello sviluppo di un sistema di ERM (Lam, 2003; COSO 2004b; Aabo, Fraser, & Simkins, 2005; DeLoach, 2005; Deloitte, 2006; KPMG, 2008; Lawrence, 2005; Moeller, 2007; PwC, 2008; ISO, 2009; Rochette, 2009).

Esplicitando l'impegno dell'impresa nella gestione del rischio ed il suo livello di propensione al rischio (Risk Appetite), la policy aiuta a comunicare l'approccio complessivo al Risk Management attraverso l'intera organizzazione (Lam, 2003).

Le policy di ERM possono essere suddivise in due gruppi (Shortreed, 2010b):

1- **Policy per l'ERM framework, i relativi processi e le procedure.** Consiste in un breve documento, solitamente pubblico, che evidenzia il contesto di applicazione del framework di ERM, includendo la gap analysis (ovvero le modalità con cui il processo esistente di ERM viene confrontato con un benchmark al fine di testarne l'efficacia), l'approccio dell'impresa verso il risk management, la terminologia utilizzata e le fasi del processo di risk management, le procedure per il continuo miglioramento del framework, i ruoli e le responsabilità relative al rischio e alla sua gestione, le modalità di monitoraggio del rischio, la revisione del processo e il controllo delle performance.

2- **Policy per le decisioni di risk management, riguardanti**:

    a. Il Risk Appetite e consistente nel Risk Appetite Statement.

    b. La definizione dei criteri di rischio in funzione degli obiettivi aziendali, così come del risk appetite e del contesto di Risk Management. Supportano il decision maker nella definizione di una serie di indicatori e relativi target, da monitorare costantemente e revisionare nel caso sia necessario apportare interventi correttivi.

    c. Il reporting interno dei rischi, ovvero le modalità di aggregazione dei rischi, sia orizzontalmente che verticalmente all'impresa, e di disaggregazione del Risk Appetite ai diversi livelli organizzativi.

È fondamentale che le policy siano semplici da comprendere, facili da implementare e continuamente aggiornate al fine di renderne possibile la costante attuazione all'interno dell'impresa (Fraser & Simkins, 2010).

La formulazione di una policy di ERM, la sua comunicazione a tutti i livelli organizzativi e l'agire coerente con essa, consente di integrare la gestione del rischio all'interno della cultura aziendale (AIRMIC, ALARM, & IRM, 2010; Cendrowski & William, 2009), favorendo così il raggiungimento degli obiettivi strategici (Rochette, 2009).

# 7 PROCESSO DI ENTERPRISE RISK MANAGEMENT

Al fine di supportare la descrizione del processo di gestione integrata del rischio, viene illustrato il framework proposto da Giorgino e Travaglini (2008), nato come sintesi ed approfondimento dei principali contributi presenti in letteratura, tra i quali il Risk Management Standard di FERMA, l'ERM Integrated Framework di COSO, l'Australia/New Zealand Risk Management Standard di Standard Australia; è coerente, inoltre, anche con le direttive del più recente standard ISO 31000 del 2009.

Tale framework rappresenta un modello solido e condiviso del processo di ERM, suddiviso nelle seguenti fasi:

- Definizione degli obiettivi strategici dell'impresa e di risk management
  Risk Assessment; tale fase ha inizio con l'identificazione dei rischi e si conclude con la loro valutazione.

- Reporting sui risultati del risk assessment

- Gestione/trattamento

- Assessment e reporting sui rischi residui

- Monitoraggio continuo dei rischi, supportato da opportuni indicatori (KRI)

Le diverse fasi del processo di Risk Management sono illustrate nel seguente schema:

Figura 2 - Processo di Enterprise Risk Management (Giorgino e Travaglini, 2008)

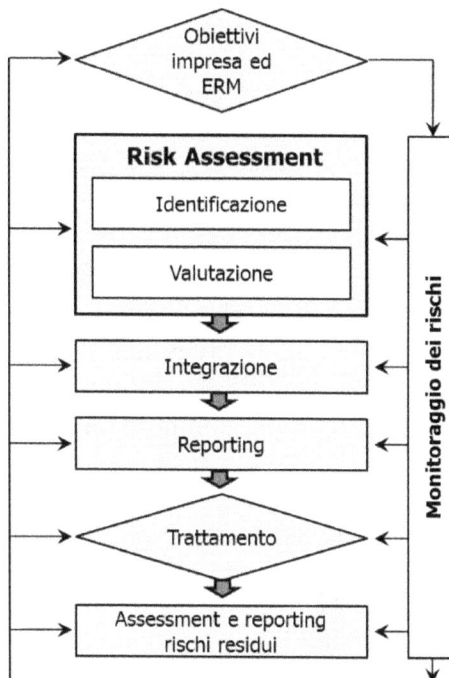

## 7.1 Identificazione degli obiettivi strategici e di ERM

In un contesto in cui si svolge una gestione proattiva dei rischi, il processo di ERM è chiamato ad interagire con il processo di pianificazione strategica, supportando con informazioni aggiuntive le decisioni di investimento e finanziamento dell'azienda (Giorgino e Travaglino, 2008), favorendo così l'individuazione di alternative strategiche coerenti con il profilo di rischio desiderato dagli stakeholder (Beasley & Frigo, 2007). Il supporto fornito dal Risk Management alla definizione della strategia, e l'importanza della loro integrazione, è sottolineata da molti autori in letteratura (Lam, 2001; COSO, 2004b; DeLoach, 2005; Lawrence, 2005; Beasley, Chen, & Wright, 2006; Deloitte, 2006; Beasley & Frigo, 2007; Frigo, 2007; KPMG, 2008; PwC, 2008; ISO, 2009; Rochette, 2009; Protiviti, 2010b; Protiviti, 2011).

Una volta identificati gli obiettivi strategici, di alto livello, l'impresa deve preoccuparsi della gestione dei rischi insiti nelle proprie attività, in modo tale da massimizzare le probabilità di risultati positivi e minimizzare il pericolo di perdite: è necessario quindi definire un piano di gestione del rischio che sia funzionale al raggiungimento degli obiettivi strategici. Ogni impresa è quindi chiamata a definire l'atteggiamento che deve essere assunto di fronte alle diverse tipologie di rischio, le risorse da dedicare alle attività di ERM, la strutturazione del processo e le modalità di valutazione e trattamento dei rischi (Giorgino & Travaglini, 2008).

## 7.2 Risk Appetite e Risk Appetite Statement

Il Risk Appetite consiste nell'ammontare complessivo di rischio, definito sulla base delle aspettative degli stakeholder, che l'impresa è disposta ad assumere, entro i limiti imposti dalla sua capacità di rischio, nel raggiungimento degli obiettivi di crescita del valore aziendale (COSO, 2004b; Chase-Jenkins & Farr, 2008; Govindarajan, 2011; Protiviti, 2012). Esso riflette la propensione al rischio dell'azienda, che influenza a sua volta le strategie di crescita del Valore e il modello di business adottato (Protiviti, 2012).

Un aspetto di fondamentale importanza consiste quindi nella piena integrazione del Risk Appetite all'interno del processo di definizione ed esecuzione della strategia aziendale (Ernst & Young, 2010; Rittenberg & Martens, 2012), rendendo così possibile l'individuazione di obiettivi strategici coerenti con il profilo di rischio/rendimento desiderato dagli stakeholder e di opportuni limiti di rischio con cui guidare le attività di risk management internamente all'impresa (Barfield, 2007; Chase-Jenkins & Farr, 2008).

In letteratura, l'importanza attribuita al concetto di Risk Appetite è sottolineata da molti autori (vedi COSO,2004b; DeLoach, 2005; Deloitte, 2006; Barfield, 2007; Moeller, 2007; Chase-Jenkins & Farr, 2008; KPMG, 2008; Dean & Giffin, 2009; Rochette, 2009;  Govindarajan, 2011; Milliman, 2011; Protiviti, 2011; Rittenberg & Martens, 2012).

Da sottolineare, inoltre, che il Risk Appetite non è statico ma necessita di essere continuamente monitorato: cambiamenti nel contesto di business, così come nel business model dell'impresa, richiedono una sua periodica rivalutazione (IIF, 2009; Rittenberg & Martens, 2012).

La formalizzazione del Risk Appetite consiste nel Risk Appetite Statement, un documento, approvato dall'organo di supervisione strategica (Board) ed incluso nella Policy di ERM (KPMG, 2008), che esplicita chiaramente la propensione al rischio dell'impresa che dovrà poi essere declinata su tutta l'organizzazione. Esso è formulato in modo tale da incorporare le diverse aspettative, spesso contrastanti, dei differenti gruppi di stakeholder, ovvero azionisti, creditori, regolatori, agenzie di rating, intermediari, management (Chase-Jenkins & Farr, 2008), e considerare tutti i rischi significativi in cui si incorre nella conduzione del business. Deve essere inoltre relativamente semplice, articolabile in una serie di metriche a vari livelli di dettaglio, facilmente comunicabili e prese come riferimento nei vari momenti del processo decisionale (Chase-Jenkins & Farr, 2008; Protiviti, 2012).

La chiara definizione di un Risk Appetite Statement, consente, quindi, di dare agli stakeholder una ragionevole certezza della piena comprensione dei rischi da parte dell'impresa e del suo impegno a monitorarli adeguatamente (Dean & Giffin, 2009).

## 7.3 Risk Assessment

La fase di risk assessment è la fase più tecnica del processo di ERM che può essere scomposta nella fase di identificazione dei rischi connessi al raggiungimento degli obiettivi definiti dall'impresa e di valutazione dei rischi, ovvero della loro stima e proritizzazione (risk prioritization).

L'obiettivo di tale fase consiste nella definizione di un elenco dei rischi accettabili e non accettabili dall'impresa, per i quali è necessario intervenire con opportune misure di trattamento (Giorgino & Travaglini, 2008).

### *Identificazione dei rischi*

Meulbroek (2002) e Nocco e Stulz (2006) affermano che il primo passo da compiere nello sviluppo di una strategia di risk management consiste nel creare un inventario dei rischi, ovvero nell'identificare tutti i rischi significativi cui l'impresa è esposta e nel classificarli all'interno di specifiche categorie.

In letteratura sono state proposte diverse classificazioni di rischio:

- Meulbroek (2002), ad esempio, identifica sette categorie di rischio, illustrate nella Tabella
- La tassonomia dei rischi proposta dal COSO, e ampiamente condivisa in letteratura, consiste invece nel suddividere i rischi in quattro ampie classi: strategici, finanziari, operativi e di conformità alla normativa, che differiscono tra loro per il grado di precisione della stima, l'orizzonte temporale di valutazione, il grado di variabilità che apportano ai risultati aziendali e la modalità di risposta (Protiviti, 2010a)

Tabella 3 - Categorie di rischio e relativi esempi (Meulbroek, 2002)

| CATEGORIA DI RISCHIO | ESEMPIO DI RISCHIO |
|---|---|
| Rischio legale | Responsabilità di prodotto, cause legali per discriminazione dei clienti. |
| Rischio finanziario | Variazioni nel costo del capitale, variazioni nel tasso di cambio, inflazione, violazione dei covenant, default sul debito |
| Rischio di prodotto/mercato | Perdita del clienti, obsolescenza dei prodotti, incremento della competizione, diminuzione della domanda |
| Rischio operativo | Obsolescenza delle scorte, guasti dei macchinari |
| Rischio connesso ai fattori produttivi | Incremento del prezzo dei fattori produttivi, sciopero dei lavoratori, abbandono dell'impresa da parte di figure-chiave, fallimento dei fornitori |
| Rischio connesso al fisco | Incremento degli oneri fiscali sugli utili, sulle vendite |
| Rischio di Compliance | Cambiamento delle leggi ambientali, rinforzamento norme antitrust |

- Tillinghast (2000), IRM (2002), CAS (2003), Shenkir e Walker (2008) affiancano ai rischi strategici, finanziari e operativi, gli *hazard*, ovvero quei rischi le cui manifestazioni hanno un impatto esclusivamente negativo sui risultati dell'impresa (per esempio catastrofi naturali, furti e altri crimini ai danni dell'impresa, infortuni del personale, interruzioni del business).

Un'accurata descrizione di ciascuna categoria di rischio, proposta da Giorgino e Travaglini (2008), è riportata nel riquadro sottostante.

---

**RISCHI STRATEGICI (O DI BUSINESS)**

Sono quei rischi che impattano sugli effetti delle decisioni strategiche di più alto livello adottate dall'impresa, il cui grado di successo non è a priori garantito per via di una serie di fonti interne ed esterne di aleatorietà che possono rendere la strategia più o meno efficace. Tali fonti di aleatorietà sono riconducibili all'andamento generale dell'economia e della domanda nei settori di appartenenza dell'impresa, al comportamento dei competitor e dei clienti, alle possibili innovazioni tecnologiche nell'industria di riferimento, comportamenti lesivi dell'immagine e della reputazione aziendale e le possibili modifiche del contesto regolamentare.

**RISCHI FINANZIARI**

Sono quella tipologia di rischi che hanno origine sia dallo svolgimento da parte dell'impresa delle attività operative ordinarie, sia dalle attività promosse nei mercati finanziari, che possono avere impatti sul patrimonio aziendale. In questa categoria rientrano le seguenti sottocategorie.

***Rischi connessi ai tassi di interesse:*** movimenti significativi nei tassi di interesse espongono l'azienda a un più oneroso indebitamento, a minori frutti degli investimenti e ad una riduzione del valore degli assets.

---

*Rischi connessi ai tassi di cambio*: si ha quando la volatilità dei tassi di cambio espone l'azienda a perdite economiche.

*Rischi relativi al prezzo delle commodity*: fluttuazioni nei prezzi delle commodity espongono a più bassi margini o a perdite.

*Rischio di inflazione*: rischio che la variazione nel livello generale dei prezzi portino ad una perdita del potere d' acquisto della moneta detenuta e ad una perdita di valore dei crediti.

*Rischio di liquidità*: rischio che l'impresa non sia in grado di adempiere alle proprie obbligazioni alla loro scadenza.

*Rischio di credito*: rischio che nell'ambito di un' operazione creditizia il debitore non assolva, anche solo in parte, ai suoi obblighi di rimborso del capitale e di pagamento degli interessi.

## RISCHI OPERATIVI

Scaturiscono dalle diverse procedure amministrative e operative di attuazione delle strategie scelte dall'impresa. Possono determinare perdite dirette e/o indirette, causate da errori o inadeguatezze dei processi interni, dovuti sia a risorse umane sia a sistemi tecnologici.

## RISCHI POTENZIALI (HAZARD)

Sono quei rischi che possono essere identificati in via residuale rispetto ai rischi strategici, finanziari e operativi, il cui effetto è unicamente negativo e può spesso determinare ingenti perdite economiche, dirette e indirette.

## RISCHI DI CONFORMITÀ ALLA NORMATIVA (COMPLIANCE)

Sono quei rischi inerenti alla conformità alle normative vigenti, specifiche del Paese in cui opera l'impresa.

È inoltre opportuno sottolineare che la fase di identificazione dei rischi è altamente critica, in quanto non esistono tecniche che garantiscano l'individuazione di tutti i rischi possibili. L'impresa è quindi chiamata a considerare una serie di aspetti di fondamentale importanza, al fine di massimizzare l'efficacia di tale fase:

- È necessario che all'interno dell'impresa vi sia standardizzazione e omogeneità di linguaggio al fine di assicurare che gli stessi fenomeni/eventi vengano definiti e denominati in modo omogeneo. In questo modo sarà possibile successivamente consolidare a livello aziendale tutti i fattori di rischio individuati nelle attività e nei processi e condurre così un monitoraggio e una gestione integrata degli stessi in maniera efficace ed efficiente (Giorgino & Travaglini, 2008). Diversi studi hanno infatti dimostrato che l'inesistenza di un linguaggio comune di rischio all'interno dell'impresa rappresenta uno dei principali ostacoli all'implementazione di un sistema di ERM (Shenkir & Walker, 2008).

- È più opportuno utilizzare una combinazione di tecniche di identificazione dei rischi piuttosto che focalizzarsi su una sola di esse, al fine di identificare una lista più esaustiva, completa di rischi (Shenkir & Walker, 2008).

- Le tecniche utilizzate dovrebbero incoraggiare la discussione, lo scambio libero di idee tra gli individui, al fine di identificare il maggior numero di eventi potenziali che potrebbero trasformarsi in rilevanti perdite per l'impresa (Shenkir & Walker, 2008).

- Il processo di identificazione dovrebbe coinvolgere team inter-funzionali in modo da poter identificare in maniera più efficace ed efficiente i rischi che coinvolgono l'intera organizzazione (Shenkir & Walker, 2008).

- Infine, il processo si dovrebbe concludere con una lista, un inventario di rischi ed il focus dovrebbe essere posto sui "pochi rischi vitali" piuttosto che sui "molti rischi insignificanti" (Shenkir & Walker, 2008).

### *Tecniche di identificazione dei rischi*

Fondamentale è definire ed implementare un efficace ed efficiente processo di identificazione dei rischi significativi cui l'impresa è esposta (COSO, 2004b; DeLoach, 2005; Frigo, 2008; ISO, 2009; Moeller, 2007; PwC, 2008; Rochette, 2009; Lai & Samad, 2010). Esistono diverse tecniche che possono supportare il management in tale fase di identificazione; le principali sono riportate nel seguito, assieme ad una breve descrizione.

***Brainstorming e Workshop facilitati***. Consistono in tecniche di gruppo aventi l'obiettivo di generare idee per risolvere un' ampia gamma di problemi, sotto la guida di un moderatore (Giorgino & Travaglini, 2008). L'efficacia di questa tecnica è legata ad una serie di fattori: la creazione di un team inter-funzionale che consenta lo scambio di idee tra persone dotate di differenti punti di vista e background, la libertà dei partecipanti nell'esprimere le proprie idee e la consapevolezza che esse verranno valorizzate, la chiarezza sulle finalità, modalità di svolgimento, sull'identità degli altri partecipanti e sulla necessità di affrontare prima il problema su base individuale servendosi di un check list o di un inventario dei rischi, al fine di stimolare l'emergere di idee.

Una volta formulata la lista dei rischi è necessario ridurla al fine di individuare quelli più rilevanti. A tal fine si può utilizzare un software di gruppo che permette a ciascun individuo di ordinare i rischi in modo anonimo, al fine di assicurare la veridicità del ranking (Shenkir & Walker, 2008)

***Check List***. È un elenco di rischi o categorie di rischi relativi a progetti già condotti nel passato e simili a quello in esame (Giorgino & Travaglini, 2008).

***Analisi dell'esperienza passata***. Consiste nel basarsi sull'esperienza di persone presenti in azienda, su archivi storici o database. In una sessione di brainstorming o workshop tale tecnica è utile in quanto può stimolare una discussione fact-based (Shenkir & Walker, 2008).

***Self Assessment e Interviste***. Tale tecnica combina due processi differenti. Come prima cosa, viene dato ad ogni individuo o unità operativa un documento con le istruzione per ordinare su una scala di importanza gli obiettivi all'interno della propria area di responsabilità e i relativi rischi. Ad ogni unità viene anche chiesto di valutare la propria capacità di gestione dei rischi all'interno delle aree indicate. Segue poi un' intervista per verificare e chiarire eventuali aspetti (Shenkir & Walker, 2008).

***Analisi SWOT***. È una tecnica spesso usata nella formulazione della strategia. I punti di forza e debolezza guardano l'organizzazione al proprio interno e si focalizzano su aspetti quali la cultura, la struttura, le risorse umane e finanziarie dell'impresa. Le opportunità e le minacce si riferiscono invece a fattori politici, sociali, ambientali e connessi al settore in cui opera, non controllabili dall'impresa. L'obiettivo dell'analisi SWOT consiste nell'identificazione dei fattori essenziali, interni ed esterni, che influiscono sullo sviluppo e sul valore dell'azienda (Shenkir & Walker, 2008; Rochette, 2009).

***Questionari e Survey***. Un questionario di rischio include una serie di domande finalizzate ad identificare una serie di rischi sia interni (rischi connessi ai clienti, creditori/investitori, fornitori, sistemi informativi..) che esterni (rischi politico-sociali, di settore, ambientali, di compliance). È quindi utile in quanto, durante il suo sviluppo, spinge l'impresa a riflettere su tutti i possibili rischi cui può essere esposta. Il questionario solitamente è semi-strutturato così da rendere possibile l'inclusione di utili pareri, commenti o esperienze. La survey di rischio può essere rivolta a vari livelli di management e solitamente chiede di indicare i rischi più importanti associati al raggiungimento degli obiettivi (siano essi strategici/operativi). Le informazioni ottenute dai questionari o dalle survey, una volta consolidate, possono essere utilizzate all'interno di un workshop facilitato. I rischi emersi vengono ulteriormente discussi, analizzati al fine di eliminare quelli poco rilevanti (Shenkir & Walker, 2008).

**FMEA(Failure Mode Effects Analysis).** È una tecnica induttiva che fornisce una valutazione delle potenziali modalità di fallimento di un processo produttivo, delle relative cause e del loro impatto sui risultati e/o sulle performance del prodotto. Stabilite le modalità di fallimento, l'obiettivo è quello di eliminarle, contenerle, ridurle o controllarle (ICH, 2006).

**FTA (Fault Tree Analysis).** La Fault Tree Analysis è una tecnica induttiva che partendo dal fallimento di una funzionalità di un prodotto/processo permette di identificarne le catene causali. Il grafico che ne risulta è una rappresentazione ad albero, composta da vari livelli alla fine di ciascuno dei quali gli eventi intermedi si trasformano a loro volta in cause iniziali con una loro probabilità di accadimento. La frequenza del Top Event dipende dalla probabilità delle diverse catene casuali, combinate con opportuni operatori logici. (ICH, 2006)

**HAZOP (Hazard Operability Analysis).** È una tecnica induttiva basata sull'assunzione che gli eventi rischiosi sono causati da deviazioni dal normale utilizzo o dal design intent di un prodotto/processo. È una tecnica di brainstorming utilizzata per identificare hazards (fonti potenziali di danni) con l'aiuto di parole-guida che vengono applicate ad

51

una serie di parametri rilevanti al fine di aiutare i componenti del team ad individuare le potenziali deviazioni rispetto al progetto d' origine. Tale tecnica coinvolge solitamente un team di persone con competenze ed esperienza riguardante la progettazione di prodotti/processi e le relative applicazioni. È una tecnica che può essere applicata nei processi manifatturieri; è utilizzata soprattutto nel settore farmaceutico per valutare gli hazard connessi alla sicurezza del processo (ICH, 2006).

*HACCP[2](Hazard Analysis and critical control point).* È uno strumento sistematico, proattivo e preventivo utilizzato per assicurare la qualità, affidabilità e sicurezza del prodotto. È un approccio strutturato che consiste nell'applicare principi tecnici e scientifici per analizzare, valutare, prevenire e controllare i rischi o le conseguenze negative di hazard connessi al progetto, allo sviluppo, alla produzione e utilizzo del prodotto. È una tecnica solitamente utilizzata per identificare e gestire hazard nel settore fisico, chimico e biologico (Coleman & Marks, 1999; ICH, 2006).

---

[2]L' HACCP, nel dettaglio, consiste in una serie di 7 fasi: identificare gli hazard, determinare i punti critici di controllo (CCP), determinare i limiti critici per ogni CCP, stabilire un sistema di monitoraggio dei CCP, stabilire le azioni correttive da intraprendere quando il sistema di monitoraggio indica che il CCP è fuoricontrollo, stabilire le procedure di verifica dell'efficacia del sistema di HCCP, redigere la documentazione che formalizzi il sistema e registrare i dati (ICH, 2006).

### *Risk register*

L'output fondamentale del processo di identificazione dei Rischi consiste nella prima versione, cui seguiranno poi i successivi e necessari aggiornamenti, del registro di rischi (Antonucci, 2011; Melnick & Everitt, 2008): un catalogo dinamico contenente tutti i rischi identificati corredati da una serie di informazioni, raccolte secondo una modalità standardizzata, che supportano l'intero processo di Risk Management.

Il Risk register, infatti, integrando tutte le principali informazioni relative ai rischi, permette sia di agevolare le successive fasi di stima, valutazione ed integrazione, sia di disporre in ogni momento di un'informativa sintetica, aggiornata dei rischi (Giorgino & Travaglini, 2008).

Non esiste un format standard di Risk register, in quanto esso può essere adattato alle specifiche necessità dell'impresa. Le informazioni che dovrebbe contenere sono, per esempio (Vose, 2008):

- Data relativa all'ultima modifica apportata al registro;
- Codice di riconoscimento univoco associato a ciascun rischio;
- Il nome del rischio;
- Descrizione del rischio;
- Natura del rischio (per esempio: strategico, finanziario, operativo, di compliance);
- Descrizione della causa associata al manifestarsi dell'evento rischioso;

- Descrizione dei drivers di rischio, ovvero dei fattori che potrebbero incidere sulla probabilità dell'evento rischioso o sulla severità del suo impatto;
- Stima della probabilità di accadimento, della severità dell'impatto e indicazione del rating del rischio;
- Soggetti responsabili (owner). È infatti fondamentale che, all'interno del processo di risk management, siano chiaramente definiti i risk owners, ovvero i responsabili dell'identificazione, del trattamento e dell'efficace a appropriato monitoraggio dei rischi (DeLoach, 2005; ISO, 2009; Beasley, Branson, & Hancock, 2010; Fraser & Simkins, 2010);
- Timing/Imminenza del rischio;
- Contromisure: attività e risorse dedicate alla modalità di risposta al rischio;
- Descrizione dei rischi secondari che eventualmente possono sorgere in seguito all'adozione di determinate strategie di riduzione del rischio;
- Data target o trigger-time: istante entro il quale devono essere messe in atto (oppure completate ) le modalità stabilite di risposta al rischio;
- Stato del rischio: indica se il rischio è già stato gestito/è in fase di gestione/non è ancora stato gestito;

## 7.4 Valutazione dei rischi

La fase di valutazione dei rischi ha inizio con la stima dei rischi precedentemente identificati per concludersi con la loro prioritizzazione al fine di individuare i rischi non accettabili, per i quali è necessario intervenire con opportune misure di trattamento.

### *Stima dei rischi*

Una volta identificati i rischi è necessario procedere alla loro stima, che può avvenire tramite tecniche qualitative, semi-quantitative o quantitative (Covello & Merkhofer, 1993; Altenbach, 1995; Miccolis & Shah, 2000; CAS, 2003; COSO, 2004b; PwC, 2008; Giorgino & Travaglini, 2008; Risaliti, 2008; ISO, 2009; Rochette, 2009; Lai & Samad, 2010; Berta, 2011).

Sulla scelta di una tecnica rispetto all'altra incidono differenti variabili, come la volatilità e il tipo di rischio, la rilevanza e il connesso costo di implementazione. A seconda della tipologia del rischio potrebbe variare la disponibilità dei dati e di conseguenza, l'opportunità di utilizzare un modello per la sua misurazione.

Le caratteristiche principali di ciascuna tecnica sono riportate nella figura 3.

Figura 3 - Principali caratteristiche delle tecniche di stima dei rischi

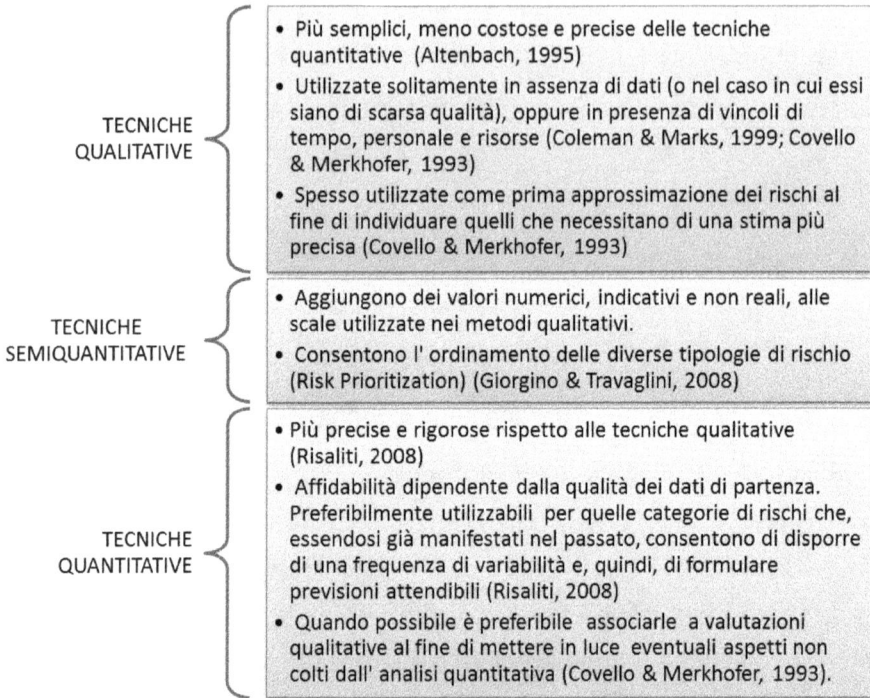

| TECNICHE QUALITATIVE | • Più semplici, meno costose e precise delle tecniche quantitative (Altenbach, 1995)<br>• Utilizzate solitamente in assenza di dati (o nel caso in cui essi siano di scarsa qualità), oppure in presenza di vincoli di tempo, personale e risorse (Coleman & Marks, 1999; Covello & Merkhofer, 1993)<br>• Spesso utilizzate come prima approssimazione dei rischi al fine di individuare quelli che necessitano di una stima più precisa (Covello & Merkhofer, 1993) |
|---|---|
| TECNICHE SEMIQUANTITATIVE | • Aggiungono dei valori numerici, indicativi e non reali, alle scale utilizzate nei metodi qualitativi.<br>• Consentono l'ordinamento delle diverse tipologie di rischio (Risk Prioritization) (Giorgino & Travaglini, 2008) |
| TECNICHE QUANTITATIVE | • Più precise e rigorose rispetto alle tecniche qualitative (Risaliti, 2008)<br>• Affidabilità dipendente dalla qualità dei dati di partenza. Preferibilmente utilizzabili per quelle categorie di rischi che, essendosi già manifestati nel passato, consentono di disporre di una frequenza di variabilità e, quindi, di formulare previsioni attendibili (Risaliti, 2008)<br>• Quando possibile è preferibile associarle a valutazioni qualitative al fine di mettere in luce eventuali aspetti non colti dall'analisi quantitativa (Covello & Merkhofer, 1993). |

### *Tecniche qualitative*

Tra le tecniche qualitative, la tecnica probabilità-impatto è una delle più diffuse. Nella sua configurazione originaria essa si applica alla stima dei rischi puri nei quali l'evento rischioso è rappresentato da due soli scenari: un primo nel quale non accade nulla ed un secondo nel quale si verifica un danno economico ben definito.

Più precisamente, definita la scala qualitativa rappresentativa della probabilità che l'evento dannoso si verifichi e la scala qualitativa delle conseguenze economiche dell'evento, i risultati sono riassunti in una matrice denominata "matrice P-I" nell'ambito della quale ad ogni combinazione è associato un risk-rating, ossia l'atteggiamento che deve essere assunto nei confronti del rischio generato dalla specifica combinazione probabilità-impatto (Risaliti, 2008).

Figura 4 - Matrice Probabilità / Impatto

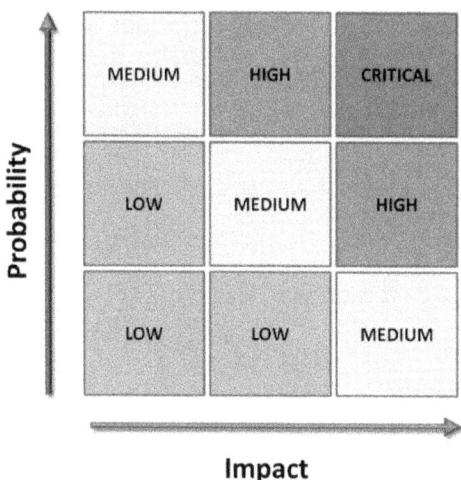

- I rischi con **rating alto/critico** sono caratterizzati da un danno elevato e da una probabilità di accadimento significativa. Sono rischi che, al limite, possono compromettere la sopravvivenza dell'impresa e che pertanto non è possibile non controllare e prevenire.

- Alla base dei rischi con **rating moderato** c'è il verificarsi di un evento che può potenzialmente provocare danni all'operatività dell'organizzazione anche se non ne dovrebbe compromettere la sopravvivenza. Potrebbe trattarsi di rischi caratterizzati da entità di danno minori ma con una probabilità di accadimento significativa o, al contrario, rischi caratterizzati da entità di danno critica ma con una scarsa probabilità di accadimento.

- I rischi con **rating basso** sono quelli che possono essere tralasciati in sede di allocazione delle risorse per il controllo. In ogni caso devono essere periodicamente controllati per assicurarsi che si mantengano allo stesso livello di criticità. Sono caratterizzati da un impatto trascurabile e da un'esigua probabilità di accadimento (Berta, 2011).

### Tecniche semi-quantitative

*La matrice probabilità- impatto semi-quantitativa*

La matrice P-I sopra descritta si presta anche ad una stima semi-quantitativa dei rischi puri. A tal fine è sufficiente associare alla probabilità ed agli impatti specifici punteggi, che non rappresentano una quantificazione degli effetti economici o delle probabilità di accadimento ma servono solo per giungere ad un ordinamento delle diverse tipologie di rischi (risk prioritization) (Giorgino & Travaglini, 2008). Il prodotto tra i due punteggi rappresenta il risk-score (Risaliti, 2008).

### *Tecniche quantitative*

Le tecniche quantitative, a differenza di quelle qualitative e semi - quantitative, prevedono che probabilità ed impatto di un evento siano espresse numericamente, generalmente in termini monetari.

Le tecniche quantitative per la stima dei rischi possono essere classificate in (CAS, 2003; Giorgino & Travaglini, 2008):

- **Modelli non probabilistici**: utilizzano ipotesi soggettive per stimare l'impatto di eventi senza quantificare una probabilità associata ai singoli eventi.
- **Modelli probabilistici**: associano l'impatto di un insieme di eventi con la loro probabilità di accadimento sulla base di ipotesi oggettive ritenute attendibili per il futuro.

### *Modelli non probabilistici*

Tra i modelli non probabilistici si distinguono:

- **L'analisi di sensitività**: finalizzata a misurare l'impatto sui risultati aziendali derivante dalla variazione/accadimento di alcuni fattori di rischio interni all'impresa considerati singolarmente o congiuntamente (Giorgino & Travaglini, 2008)

- **L'analisi di scenario**: si fonda sulla stessa logica dell'analisi di sensitività, ciò che cambia sono i fattori che ora sono quelli esterni, sui quali l'impresa può incidere in modo limitato o addirittura nullo (Antonucci, 2011; Giorgino & Travaglini, 2008).

## 7.5 Prioritizzazione dei rischi

La fase di Risk Assessment si conclude con la prioritizzazione dei rischi. I rischi identificati e stimati nelle fasi precedenti vengono confrontati con le **soglie di rischiosità** fissate dall'organizzazione, definite in funzione del Risk Appetite, al fine di discriminare la rilevanza o meno di ogni specifico rischio (FERMA, 2003). L'obiettivo è quello di definire una priorità tra i rischi identificati, distinguendo quelli che necessitano di investimenti e azioni organizzative urgenti da quelli che richiedono interventi nulli o ridotti (Giorgino & Travaglini, 2008). Si sottolinea che l'ordinamento dei rischi deve essere effettuato su base residuale, al netto dell'efficacia di eventuali controlli già in essere nell'impresa (Aabo, Fraser, & Simkins, 2005; Antonucci, 2011).

Se i rischi sono stati valutati con modelli qualitativi, per esempio tramite una matrice probabilità - impatto, verranno considerati critici i rischi che superano il valore soglia prefissato, considerando congiuntamente la probabilità di accadimento e la severità dell'impatto (CAS, 2003; Giorgino & Travaglini, 2008). Nel caso, invece, in cui i rischi siano stati valutati tramite modelli quantitativi, verrà valutato l'impatto di ciascun fattore di rischio sulla distribuzione di probabilità di determinati obiettivi di performance (CAS, 2003): verranno quindi identificati come critici tutti i rischi aventi un' incidenza maggiore di una soglia percentuale sulla variazione delle prestazioni aziendali (Giorgino & Travaglini, 2008).

Fondamentale è, infine, sottolineare che l'esposizione dell'impresa ai rischi non è statica (Paape & Speklé, 2012): l'azienda e i singoli progetti sono realtà che evolvono nel tempo; pertanto la fase di Risk Assessment, ovvero di identificazione e valutazione dei rischi, non può essere effettuata *una tantum* ma periodicamente (Giorgino & Travaglini, 2008). Paape e Speklé (2012), inoltre, sostengono che è necessario un livello minimo di frequenza del risk assessment al fine di agevolare l'integrazione del risk management all'interno del normale funzionamento aziendale, evitando così di farlo diventare un puro e rituale esercizio di compliance.

## 7.6 Integrazione dei rischi

Classificati i rischi in ordine decrescente di esposizione, la successiva loro aggregazione all'interno di un portafoglio complessivo costituisce l'essenza dell'ERM (CAS, 2003): consente, infatti, all'impresa di avere una visione completa dei rischi cui è esposta, di coglierne le correlazioni, le interdipendenze e di ricorrere a coperture naturali (natural hedges) (Nocco & Stulz, 2006; Beasley & Frigo, 2007; Moeller, 2007; Rochette, 2009; McShane, Nair, & Rustambekov, 2010; Lin, Yu, & Wen, 2011). Solitamente, la diversificazione esistente tra le diverse categorie di rischio (per esempio tra il rischio di mercato, credito e operativo), fa sì che la somma dei rispettivi VAR sia maggiore del VAR calcolato a livello d'impresa, di una quantità che dipende dal grado di correlazione esistente tra i rischi stessi (Nocco & Stulz, 2006). Una simulazione condotta da Rosenberg e Schuermann (2006), utilizzando dati tratti da imprese finanziarie, ha dimostrato che l'aggregazione dei rischi individuali può ridurre il rischio complessivo d' impresa fino a circa il 40%.

L'oggetto del trattamento non sono più quindi i singoli rischi, come avviene nel Risk Management tradizionale, ma è l'**esposizione netta** dell'impresa, ottenuta dopo aver considerato eventuali compensazioni, parziali o totali, tra i differenti rischi. Tale approccio integrato consente di creare Valore grazie alla significativa riduzione dei costi di transazione e gestione (Meulbroek, 2002; Lin, Yu, & Wen, 2011).

L'integrazione, d'altro lato, può mettere in luce eventuali correlazioni tra rischi a prima vista insignificanti ma che, se accostati tra loro, possono comportare effetti significativi sull'impresa: permette quindi di evitare potenziali sovrapposizioni degli effetti a prima vista non evidenti (Giorgino & Travaglini, 2008), preservando in tal modo il Valore aziendale.


## 7.7 Reporting dei rischi

Nella fase di risk reporting devono essere redatti dei report sintetici volti ad evidenziare i principali risultati dell'assessment ed integrazione dei rischi in modo tale da permettere, a chi ne ha la responsabilità, di prendere adeguate decisioni nella successiva fase di trattamento del rischio. Il report è quindi un documento strutturato in cui si presentano tutti i rischi emersi dalla fase di identificazione, descrivendone le principali caratteristiche, lo stato di gestione attuale e il ranking ottenuto dalle fasi precedenti.

Questa iniziale relazione tra i rischi prioritizzati ed eventualmente consolidati darà la possibilità, a chi ne ha la responsabilità, di prendere una prima decisione sulla base di un quadro completo e dettagliato dei rischi che insistono sull'organizzazione (Giorgino & Travaglini, 2008).

## 7.8 Trattamento dei rischi

La fase di trattamento consiste in un complesso di attività finalizzate a ridurre i rischi al fine di ricondurli entro i limiti di tolleranza e il Risk Appetite dell'impresa (COSO, 2004b). Secondo una classificazione tradizionalmente accolta, esse consistono nella: non assunzione, riduzione, trasferimento e ritenzione; la scelta della tecnica più appropriata dipende dalla tipologia di rischio che si intende trattare e dev'essere il frutto di un' attenta analisi costi-benefici. (Lam, 2000; CAS, 2003; ACT Insurance Autority, 2004; COSO, 2004b; Frigo, 2008; Giorgino & Travaglini, 2008; PwC, 2008; ISO, 2009; Fraser & Simkins, 2010; Lai & Samad, 2010).

Le diverse tecniche di trattamento e le relativa descrizione sono qui di seguito riportate:

- **NON ASSUNZIONE:** tale tecnica consiste nel rinunciare, se possibile, ad assumere un determinato rischio. Ciò può succedere quando le altre tecniche non risultino idonee, con la conseguenza che l'assunzione del rischio risulterebbe troppo onerosa, ossia i costi sarebbero troppo elevati rispetto ai benefici (Risaliti 2008).

- **RIDUZIONE:** consiste nel  minimizzare sia la probabilità di accadimento che l'impatto degli eventi rischiosi; si configura, dunque, come un insieme di misure preventive e protettive (Giorgino & Travaglini, 2008) che variano a seconda della specifica categoria di rischio (Risaliti, 2008).

- **TRASFERIMENTO (COPERTURA):** consiste nell'assunzione di una posizione rischiosa opposta a quella che si desidera gestire, che sfrutti il principio della compensazione per ridurre il rischio complessivo cui è esposta l'impresa (Giorgino & Travaglini, 2008). Le coperture possono essere utilizzate per la maggior parte dei rischi finanziari e per la maggior parte dei rischi puri, ad eccezione di quelli di natura catastrofale e di quelli non accettati dal mercato per le modalità di manifestazione o per gli effetti economici (CAS, 2003; Giorgino & Travaglini, 2008). Le tecniche di copertura sono molteplici e spaziano dai contratti assicurativi, agli strumenti finanziari derivati e a strumenti di gestione definiti Alternative Risk Transfer (ART), che si collocano a metà tra la ritenzione e il trasferimento (CAS, 2003; Giorgino & Travaglini, 2008)

- **RITENZIONE:** consiste nell'assunzione di un rischio all'interno dell'impresa senza adottare alcuna esplicita misura di trasferimento dello stesso (Giorgino & Travaglini, 2008). Solitamente viene adottata quando il rischio è considerato trascurabile o quando, pur essendo rilevante, l'impiego di tecniche di gestione volte a ridurlo o trasferirlo non sono giudicate economicamente convenienti (Risaliti, 2008). È questo il caso, per esempio, dei rischi strategici e di business il cui trasferimento, se possibile, avrebbe un costo  estremamente proibitivo a causa dell'elevato grado di asimmetria esistente tra le due controparti (Nocco & Stulz, 2006); si presuppone, infatti, che l'impresa sia in grado di gestire, meglio di chiunque altro, i rischi connessi al proprio core business in modo tale da poter trarne dei vantaggi competitivi (Nocco & Stulz, 2006; Risaliti, 2008). La ritenzione dei rischi dovrebbe inoltre prevedere lo sviluppo di adeguati piani di contingenza (contingency plans)(CAS, 2003; Fraser & Simkins, 2010; Protiviti, 2010a; Milliman, 2011) e la creazione di riserve di capitale (Fraser & Simkins, 2010).

## 7.9  Assessment e Reporting dei rischi residui

Conclusa la fase di trattamento dei rischi è necessario effettuare una nuova stima dei rischi che continuano ad interessare l'impresa nonostante gli interventi analizzati. Essi costituiscono i rischi residuali e, al pari delle altre forme di rischio, richiedono una mappatura dettagliata e un'attenta attività di monitoraggio. Questa ulteriore fase di analisi è seguita poi dalla redazione di un nuovo report, sintesi di tutto il processo di Enterprise Risk Management, che contiene tutte le informazioni utili ai diversi livelli aziendali (Board, responsabili delle unità operative, dipendenti) e agli stakeholder esterni per supportare le

decisioni aziendali e per valutare l'efficienza del processo (Giorgino &
Travaglini, 2008).


## 7.10  Monitoraggio dei rischi

L'attività di monitoraggio dei rischi dev'essere condotta su base
continua (COSO, 2004) e trasversalmente al processo di ERM.
Fondamentale è quindi il costante controllo dell'esposizione al rischio
dell'organizzazione, supportata dall'identificazione di opportuni
indicatori di rischio (KRI) che consentono di segnalare tempestivamente
situazioni di allerta che meritano attenzione da parte del management
(Beasley & Frigo, 2007; Frigo, 2008; Giorgino & Travaglini, 2008; Lam &
Associates, 2008; PwC, 2008; Beasley, Branson, & Hancock, 2010; Ernst
& Young, 2010; Lai & Samad, 2010).


## 7.11  ERM e Tecnologia

Infine, si può affermare che oggi la Tecnologia rappresenta un
indispensabile strumento  a supporto della gestione integrata dei rischi
(Lam, 2000; Lam, 2001; COSO, 2004b; DeLoach, 2005; Lawrence, 2005
Giorgino & Travaglini, 2008; Shenkir & Walker, 2008; Deloitte, 2010). Lo
sviluppo dei sistemi informativi e la crescente completezza dei software
di gestione dei dati contribuisce a migliorare in maniera significativa la
qualità delle informazioni a supporto dell'ERM, consentendo alle
imprese di rispondere velocemente alle minacce o alle opportunità di
business in un contesto odierno sempre più competitivo e rapidamente
mutevole (Giorgino  &  Travaglini, 2008).

# 8 CONCLUSIONI

# 9 BIBLIOGRAFIA

Aabo, T., J., Fraser, R. S., & Simkins, B.J. (2005). The rise and evolution of the chief risk officer: Enterprise risk management at Hydro One. *Journal of Applied Corporate Finance* 17(3): pp. 62–75.

Abrahim, A., Henry, K., and Keith, J. (2012). ERM Culture Alignment to enhance competitive advantage. *2012ERM Symposium*, 18-20 April 2012, Washington D.C. USA)

ACT Insurance Authority (2004). *Guide to Risk Management*. ACT Insurance Authority.

AIRMIC (2009). *Research into the Definition and Application of the concept of Risk Appetite. AIRMIC.*

Altenbach, T. J. (1995). A Comparison of Risk Assessment Techniques from Qualitative to Quantitative. Proceedings of the *ASME Pressure and Piping Conference*, July 23-27, Hawaii, USA.

Antonucci D. (2011).Benchmarker Gap Analysis Iso 31000.Available online.

Barfield, R. (2007). *Risk appetite- How hungry are you?* PricewaterhouseCoopers.

Beasley, M. S., Branson, B. C., and Hancock, B. V. (2010). *Developing Key Risk Indicators to Strengthen Enterprise Risk Management.* New York: The Committee Sponsoring Organizations of the Treadway Commissions (COSO).

Beasley, M., Chen, A., Nunez, K., & Wright, L. (2006).Working Hand in Hand: Balanced Scorecards and Enterprise Risk Management.*Strategic Finance*, pp. 49-55.

Beasley M.S., &Frigo, M.L. (2007). Strategic Risk Management: Creating and Protecting Value. *Strategic Finance.*

Beasley, M., Pagach, D., and Warr, R. (2008). The Information Conveyed in Hiring Announcements of Senior Executives Overseeing Enterprise-Wide Risk Management Processes. *Journal of Accounting, Auditing and Finance*, 23(3) pp. 311-332.

Berta, G. (2011). *I Gruppi Societari.*Giappichelli Editore.

Brooks, D. W. (2010). Creating a Risk-Aware Culture. In J. Fraser, and B. J. Simkins, *Enterprise Risk Management: Today's Leading Research and Best Practices for Tomorrow's Executives.* John Wiley & Sons.

Calandro, J., & Lane, L. (2006). Insights from the Balanced Scorecard An Introduction to the Enterprise Risk Scorecard. *Measuring Business Excellence*, pp. 31-40.

CAS (2003).*Overview of Enterprise Risk Management.*Casualty Actuarial Society.

Chase-Jenkins, L., & Farr, I. (2008). Risk appetite: a boundary for decisions. Towers Perrin.

Cendrowski, H., and William , M. C. (2009). *Enterprise Risk Management and COSO. A guide for Directors, Executive and Practictioners.* John Wiley & Sons.

Coleman, M. E., and Marks, H. M. (1999). *Quantitative and Qualitative Risk Assessment.* Elsevier Science Ltd.

COSO (2004).*Enterprise risk management - integrated framework, executive summary.* New York: AICPA. COSO - The Committee of Sponsoring Organisations of the Treadway Commission.

Covello, V. T., and Merkhofer, M. W. (1993). *Assessment methods. Approaches for Assessing Health and Environmental Risks.* Plenum Press.

David-O' Neill, J., and Stephens, M. (2010). *ERM: the value proposition.* Milliman - Risk Advisory Services White Paper.

Dean, J., &Giffin, A.F. (2009).*What's your risk appetite?* Towers Perrin.

DeLoach, J. (2005). *Enterprise risk management: practical implementation ideas.*Protiviti MIS SuperStrategies Conference (April 26-29, 2005). Las Vegas, Nevada.

Deloitte (2006). *The Risk Intelligent Enterprise. ERM Done Right. Deloitte Touch.*

Deloitte (2008). *Designing a Successful ERM function.* Deloitte Touch.

Deloitte (2010). *Risk Intelligence in the energy and resources industry. Enteprise Risk Management Benchmark survey.* Deloitte Touch.

Deloitte (2012). *Cultivating a Risk Intelligent Culture. Understand, measure, strengthen, and report.* Deloitte Touch.

Economist Intelligence Unit (2005). *The evolving role of the CRO.* ACE, Cisco Systems, Deutsche Bank and IBM.

Ernst & Young (2010). *Risk Appetite - The strategic Balancing Act*. Ernst & Young.

Farrel, J.M.&Hoon, A. (2009). *What's your company Risk Culture?* National Association of Corporate Directors Directorship, April 15, 2009

Fraser, J., & Simkins, B. J. (2010). *Enterprise Risk Management: Today's Leading Research and Best Practices for Tomorrow's Executives*. John Wiley & Sons.

Frigo, M. L. (2007). Strategic Risk Management: Creating and Protecting Value. *Strategic Finance*, 25-32.
Frigo, M. (2008).When Strategy and ERM Meet.*Strategic Finance.*

Frigo, M.L. (2009). Strategic Risk Management: The New Core Competency. Balanced Scorecard Report.*Harvard Business Review*, January - February 2009.

Frigo M.L., & Anderson, R.J. (2009). Strategic Risk Assessment: A First Step for Improving Risk Management and Governance. *Strategic Finance.*

Frigo, M. L., and Anderson, R. J. (2009). Strategic Risk Assessment: a First Step for Improving Risk Management and Governance. *Strategic Finance*, (December): pp. 24-33

Frigo, M.L., & Anderson, R.J. (2011).*Embracing Enterprise Risk Management: Practical Approaches for Getting Started*.COSO - The Committee of Sponsoring Organisations of the Treadway Commission.

Giorgino, M., & Travaglini, F. (2008). *Il risk management nelle imprese italiane.*Milano: Il Sole 24 Ore.

Govindarajan, D. (2011). *Corporate Risk Appetite: Ensuring Board and Senior Management Accountability for Risk*. ICMA Centre, Henley Business School, University of Reading.

IIF (2009). *Risk Culture. Reform in the financial Services Industry: Strengthening Practices for a More Stable System*. Institue of International Finance. The Institute of International Finance.

IRM. (2002). *A Risk Management Standard.* The Institute of Risk Management.

IRM (2012). *Risk culture. Under the microscope guidance for Board*. The Institute of Risk Management.

ISO (2009a). *Guide 73*. International Organization for Standardization.

ISO (2009b). *Risk Management - Principles and guidelines*. International Organization for Standardization.

KPMG (2008).*Understanding and articulating risk appetite.*KPMG.

Lai, F. W., &Samad, F. A. (2010). Enterprise Risk Management Framework and The Empirical Determinants of Its Implementation. *International Conference on Business and Economic Research.*

Lam, J. (2000). *Enterprise-Wide Risk Management and the Role of the Chief Risk Officer.*White paper, ERisk, March 2000.

Lam, J. (2001). The CRO Is Here to Stay. *Risk Management*, April: pp. 16-20.

Lam, J., (2003). *Enterprise Risk Management: From Incentives to Controls.* John Wiley & Sons, Inc., Hoboken, New Jersey.

Lam, J.& Associates (2008).*Emerging Best Practices in Developing Key Risk Indicators and ERM Reporting.* Executive White Paper sponsored by Cognos, January 2008.

Lawrence, R. Q. (2005). ERM. Embracing a Total Risk Model. *Financial Executives Internationals*, 21(1): pp. 32.

Liebenberg, A. P., and Hoyt, R. E. (2003). The Determinants of Enterprise Risk Management: Evidence from the Appointment of Chief Risk Officers. *Risk Management and Insurance Review*, 6(1): pp. 37-52.

Lin, Y., Wen, M.-M., & Yu, J. (2011).*Enterprise Risk Management: Strategic Antecedents, Risk Integration and Performance.* Working Paper.

McShane, M. K., Nair, A., and Rustambekov, E. (2010). Does Enterprise Risk Management increase Firm Value? *Journal of Accounting, Auditing and Finance*, 26(4): pp. 641-658.

Melnick E. &Everitt, B.S. (2008).*Encyclopedia of Quantitative Risk Analysis and Assessment*, 1st Edition, Wiley & Sons Ltd.

Meulbroek, L.K. (2002). Integrated Risk Management for the Firm: A Senior Manager's Guide.*Journal of Applied Corporate Finance* 14: pp. 56–70.

Miccolis, J., & Shah, S. (2000). *Enterprise Risk Management: An Analytic Approach.* Tillinghast - Towers Perrin Monograph.

Milliman (2011).*Formalising risk appetite - a key element of enterprise risk management.* Briefing Note, Milliman.

Moeller, R. R. (2007). *COSO Enterprise Risk Management.Understanding the new Integrated ERM Framework.* New Jersey: John Wiley & Sons.

MoR (2010). *Management of Risk: Guidance for Practitioners* (3rd Edition). OGC.

Nocco, B. W., &Stulz, R. M. (2006). Enterprise risk management: Theory and practice. *Journal of Applied Corporate Finance* 18(4): pp. 8-20.

Oracle. (2009). *Risk Management: Protecting and Maximize Stakeholder Value*. Oracle.

Paape, L., &Speklé, R. (2012). The adoption and design of enterprise risk management practices: An empirical study. *European Accounting Review* 21(3): pp. 533-564.

Protiviti (2010a). Making Your Risk Assessment Count: An Operational and a Compliance Perspective. *The Bullettin Newsletters*, 4(3): 1-4. Protiviti.

Protiviti. (2010b). Integrating Risk Management with what matters. *The Bulletin*, Volume 4 Issue 1, Protiviti.

Protiviti (2011). Risk Management: A look Back and a Look Forward. *The Bulletin*, Volume 4, Issue 6, April 11, 2011.

Protiviti (2012). *Risk Appetite Framework: uno strumento chiave di sostenibilità per il mondo finanziario*. 1-4.Protiviti

PwC (2008). *A Practical Guide to Risk Assessment- How principles based Risk Assessment enables organizations to take the right risks*. PriceWaterHouseCoopers.

Risaliti, G. (2008). *Gli Strumenti Finanziari Derivati nell'Economia Delle Aziende.* Milano: Giuffrè Editore.

Rittenberg, L., & Martens, F. (2012).*Understanding and Communicating Risk Appetite.*COSO - The Committee of Sponsoring Organisations of the Treadway Commission.

Rochette, M. (2009).From risk management to ERM.*Journal of Risk Management in Financial Institutions* 2(4): pp. 394-408.

Segal, S. (2011). *Corporate Value of Enterprise Risk Management. The next step in business management.* John Wiley & Sons.

Shenkir, W. G., and Walker, P. L. (2008). *Enterprise Risk Management: Tool and Techniques for Effective Implementation.Statements on Management Accounting.*Montvale, NJ: Institute of Management Accountant (IMA).

Shenkir, W. G., and Walker, P. L. (2011). *Enterprise Risk Management: Frameworks, Elements and Integration.* Montvale, NJ: Institute of Management Accountant (IMA).

Vose, D. (2008). *Risk Analysis: A quantitative Guide.* John Wiley and Sons.

Zurich & HBRAS (2012).*Risk Management in a time of Global Uncertainty.* Zurich & HBRAS, January 17, 2012.

**Marco Giorgino** *è dal 2004 Professore Ordinario di Finanza Aziendale e di Risk Management al Politecnico di Milano. Attualmente insegna Finanza Aziendale, Corporate e Investment Banking, Risk Management, nel corso di Laurea in Ingegneria Gestionale al Politecnico di Milano.*

*È autore di oltre 80 pubblicazioni, libri e articoli, su temi bancari e finanziari, sia in Italia che all'estero.*

*Presso MIP School of Management (Equis Accredited, MBA FT Business School Rankings) è Senior Professor e coordinatore dell'area didattica Banking e Finance.*

*Sin dal 1992, ha insegnato Corporate Finance, Mercati e Istituzioni Finanziarie, Ristrutturazioni Finanziarie e Risk Management in vari programmi – undergraduate, MBA, Executive MBA e PhD – al Politecnico di Milano e al MIP; nella business school è stato direttore di numerosi Programmi Master tra i quali l'MBA Program, il Master in Private Equity, il Master in Corporate and Investment Banking, l'Executive MBA Finance e il Master in Financial Risk Management.*

*È Editor in Chief del Journal of Enterprise Risk Management.*

**Barbara Monda,** *laureata in Matematica, dopo aver lavorato in multinazionali del settore Engineering & Contracting, ha conseguito il diploma di Master in Business Administration presso il MIP. È Deputy Director di RiskGovernance - Politecnico di Milano, dove è impegnata in attività di ricerca, formazione e consulenza su temi di risk management e corporate governance.*

*Svolge attività didattiche nell'ambito dei corsi di Finanza Aziendale, Global Risk Management e Corporate & Investment Banking nel corso di Laurea in Ingegneria Gestionale del Politecnico di Milano ed è membro della Faculty del MIP nell'area Banche e Finanza.*

*Svolge attività di consulenza rivolte alle imprese per progetti di internazionalizzazione e di finanza straordinaria e attività di coaching per giovani imprenditori. È socio fondatore di Finance Channel, associazione no profit dedita alla ricerca e alla divulgazione in ambito finanziario.*

*La sua attività di ricerca è attualmente concentrata sui temi del Risk Management e della Corporate Governance.*

*È Editor in Chief del Journal of Enterprise Risk Management.*